광려천 물풀이 엎드려 울었다

경옥아 보고 싶다 **시외버스** 오른쪽 옆면 광고 글 많은
경옥이 **얼마나** 설렜을까 경옥이 동네는 **시끌시끌**했겠지
그녈 아는 친구 건너 건너 **한 문장** 시를 쓴 사람

차수민 시집

광려천 물풀이 엎드려 울었다

초판 1쇄 찍은날 2025년 9월 20일
초판 1쇄 펴낸날 2025년 9월 25일

펴낸곳	시인보호구역	**펴낸이**	전운경
책임편집	이솝우화	**디자인**	공방 연애편지

전자우편	sibo4530@naver.com	**누리집**	www.starnpoem.com
전화	1899-7083	**주소**	대구광역시 북구 동북로 291
출판등록	제2020-000006호	**시인보호구역 인스타그램**	/sibozone2012

ⓒ차수민, 2025   **ISBN** 979-11-90310-27-7(03810)

이 책의 판권은 지은이와 시인보호구역에 있습니다. 이 책 내용의 일부 또는 전부를 재사용하려면, 반드시 지은이와 시인보호구역 양측의 동의를 받아야 합니다.

詩:옷 시선 002

차수민

"광려천 물풀이 엎드려 울었다"

시인의 말

친절하지 마라
깊이 품지도 마라
다 사랑치 않아도 되니
시야,
춤추라

차례

제1부 _ 광려천 물풀이 엎드려 울었다

15　가시
16　광려천 물풀이 엎드려 울었다
18　경옥이 동네는 시끌시끌했겠지
19　부림시장
20　육호광장 돌아 어시장 밤길
22　덕자와 점식
23　칠원삼거리 돌며
25　티눈
27　숟가락 하나 얹으면 될 일인데
29　바지락 숨구멍에 숨어든 시
31　태복산로13번길

제2부 _ 상리 한약방

35   보리섬
36   와도
38   용호 바다
40   버드레
42   상리 한약방
44   감꽃
45   창명학원
47   철마산성
49   조우억
51   철성의숙 김형두

제3부 _ 광려천 연가

57 광려천에서 정화를 만나면
59 광려천 연가
60 술 익는 차
62 원각사
63 설법전 제비집 1
64 설법전 제비집 2
65 그렇다
66 사잇소리
67 성산산성
68 말산리 갑계비

제4부 _ 소계저수지

73　어머니는 엉덩이로 봄을 밀고 계셨다
75　씨발 내가 그걸 몬해
76　산다는 건
78　소계저수지
79　파도는 눈시울 밀었다 놓는다
81　진영읍 참새미골
83　안부
86　삼산교회
88　고성읍 간이대합실
89　할메 빨래방
90　신마산 번개시장 장어국 사러 가는 피터팬
92　엘리베이터
93　통영 부둣가

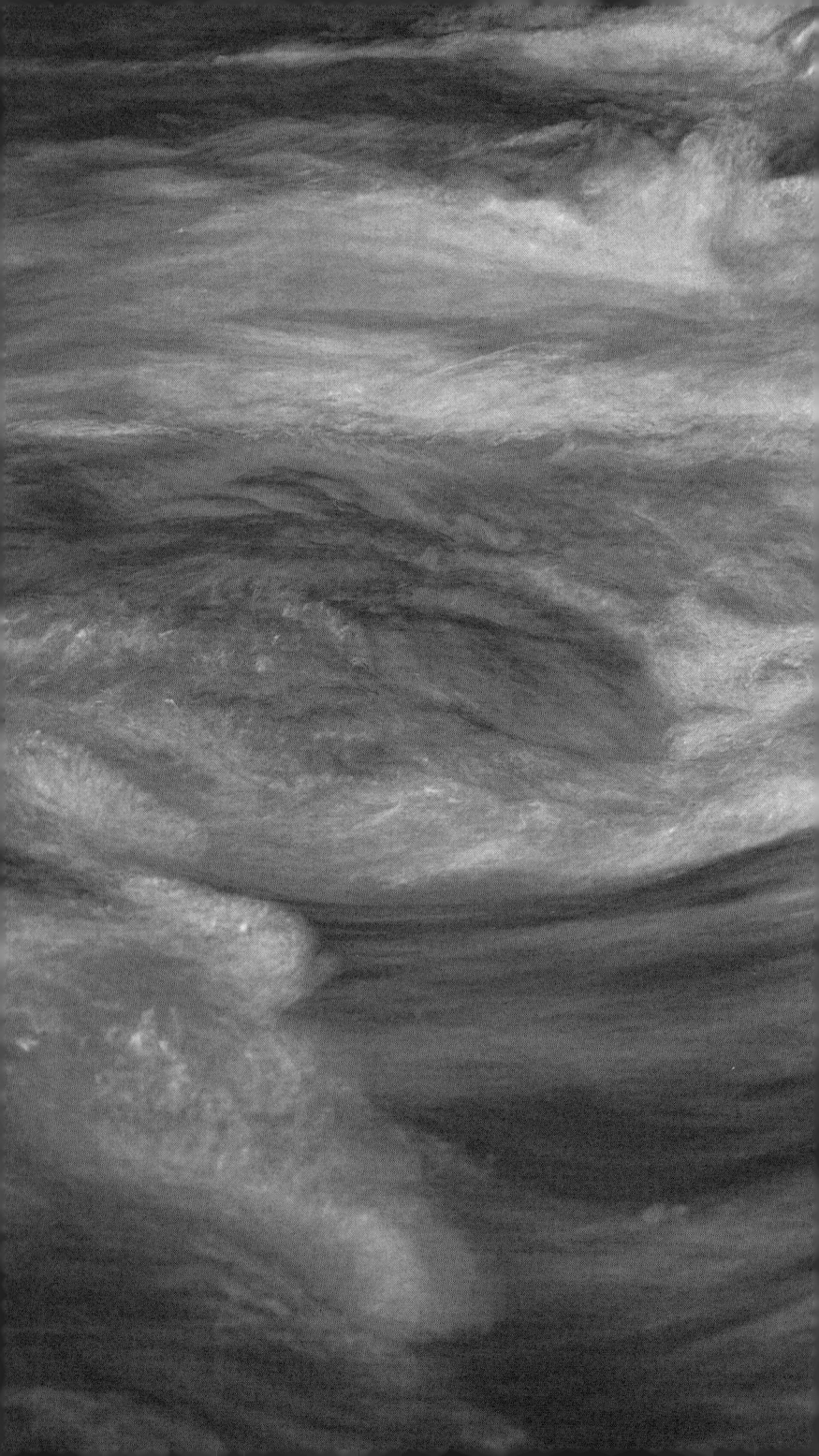

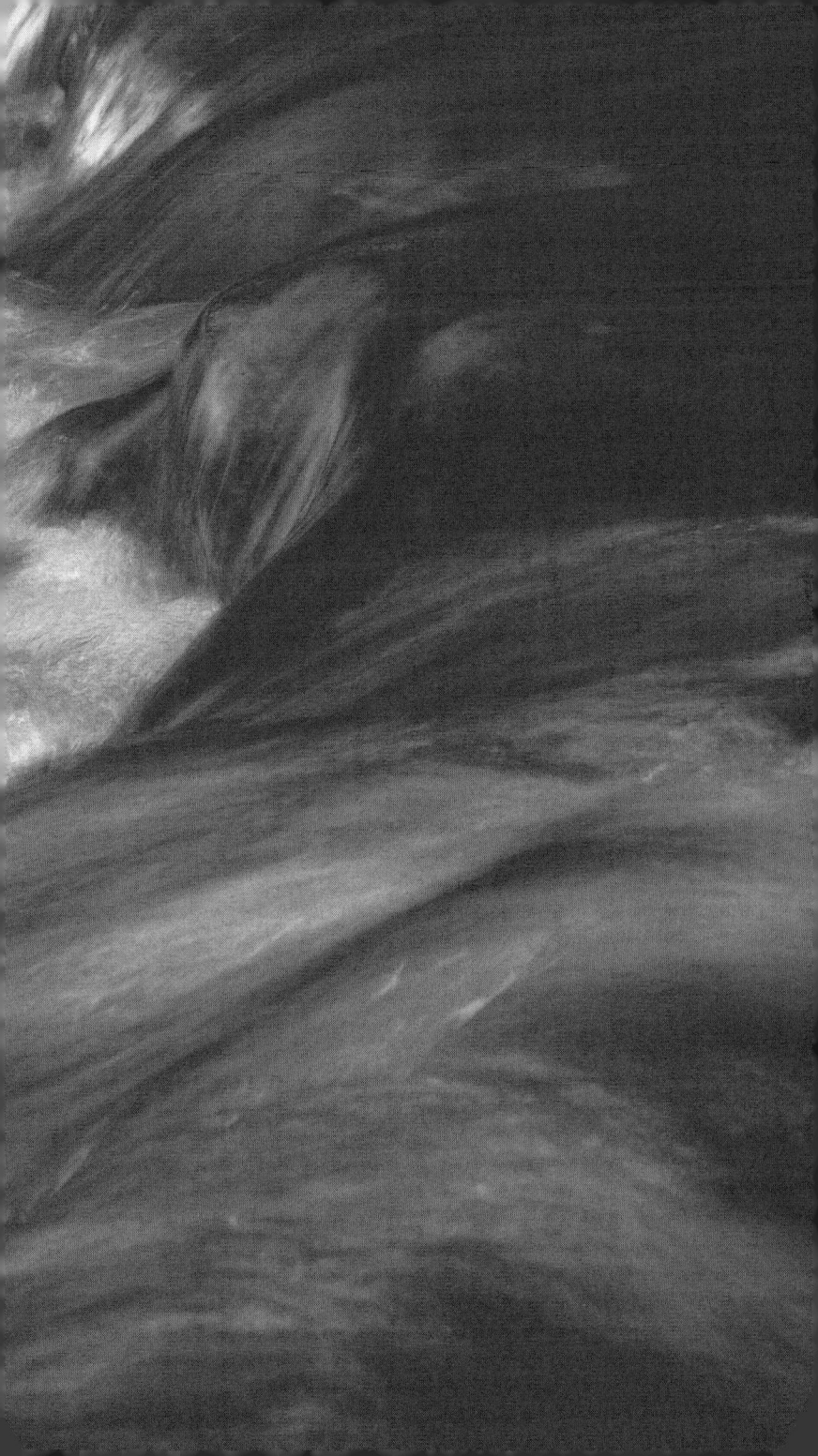

제1부

가시

쉽게는
피지 않았을 사랑
처음 너는
갓 휘파람새 부리였어

광려천 물풀이 엎드려 울었다

꿈은 꾸었어도
이뤄질지 몰랐다

내 첫 시는 진찬이
시집을 맨 처음
받은 사람도 진찬이

너무 익은 것
설익은 것 있지만
천천히 내길 잘했다
다시 보니 내 시들은
사람 아니면 장소더라

시집 받은 그들이 고른
그냥 읽어 마음 간다는 시는

'늑대일까 별에 바치다'

보리 수매는 거시기하나 재밌다 했고
남편은 자기가 나오는 낚시라는 시만 좋다며
다른 시는 무슨 말인지 모르겠다 하고

대부분은
꼭 시가 너 같더라

첫 시집은
너머 계신 아버지께 올리는
태나는 양복 보루 담배 탁주 주전자

내 첫 시집은
세상 불 데인 살가죽 하고 사는
집 앞 광려천 산책 쉬이 못 나오는
진찬이 손에 쥐여주는 꼬깃 손편지

지금은 땅 엎드린 풀잎들이지만
한때 비 내리고 천둥을 일으키는 하늘이었다

『꽃삼촌』은
별거 없지만
뭐가 많이 없는 내겐
삼켜 넘길 수 있는 밥알이 많아졌다

경옥이 동네는 시끌시끌했겠지

경옥아 보고 싶다

시외버스 오른쪽 옆면 광고 글
많은 경옥이 얼마나 설렜을까

경옥이 동네는 시끌시끌했겠지
그녈 아는 친구 건너 건너

한 문장 시를 쓴 사람

쑥 바구니 끼고 놀던 친구일까
자전거에 경옥이 단발머리 닿던 오빠일까

부림시장

참말 있습니다
아주 달고 맛있는 싱싱한 참말
도매가격으로 팔고 있습니다
한입에 오천 원

먹구름 울리는
철길 밑 둥지 튼
무 바람 드나드는
이런저런
숨 다 마신 잔말 말고

잎이 꽃처럼 피는
말입니다

후미진 골목
추적추적 밟히는
어머니 귀 고름 되는
이래저래
꾸미는 텅 빈말 말고
물길 징검다리를 놓아주는 말
사 가세요

육호광장 돌아 어시장 밤길

춤만 췄다면 믿는 사람 있을까

수학여행비 보태고자 친지들 모셔놓고
고구마잎 짙은 단발머리
좁은 마루 빙글빙글 돌 때

처음 춤추는 나를 보았다

입술 화장 짙은 긴 생머리
첫 일자리 서울에서 일산으로
다시 마산 흘러 촐랑촐랑 물결머리

일 마친 금요일은
맥줏집 모였다가
수금 저조 회원 탈퇴는
더 시끌벅적한 술집에 벗어 놓고

청춘 흔들러 가던
택시 내리면 마산 앞바다 먼저 다가와
안내하던

어시장 밤길
아라비안나이트

춤만 췄다면 믿는 사람 있을까
육호광장 돌아 창동 길목
호텔 로얄나이트도
머리 팔다리 휘젓던 자리

철들지 않아도 나이 들어
미경이는 백 번째 선본 일본 남자 따라갔고
진희는 뇌종양 수술로 이젠 마구 흔들면 안 되고
석희는 계절처럼 온다더니 연락 끊겼고
난 혼자는 갈 자신 없고

어시장 꽉 낀 청바지 걸친
고등어 팔딱인다

덕자와 점식

동갑내기 부부
아버지가 지어 준 이름이라 그냥 좋았던 덕자는
이름과 안 어울린다는 말 무심했다가
큰딸 학교 들어가는 해
이름 바꾸고

외아들 이름 쉽게 내놓을 리 없는 시어머니 모셔놓고
점식은 명 짧은 이름이라 하니
바꾼 첫날 바꾼 이름 부르신다

남들 장에 갈 때 니도 장에 가라며
지난 기억만 간간이 붙들고 사는

어머니,

덕자는 막내딸 하나뿐인 이름

칠원삼거리 돌며

식당일 마치고
칠서 가는 버스 안

남 밑에서 일 못하겠다고
3억 빚내어 공장 차린 남편
이자에 이자 물어 직원도 내보내고
급하게 일손 필요하다는데
웃는 꼴 우는 꼴 싫지만
떡하니 오라고 가는 내가 더 싫어

차창에 머리 박으며
그냥 콱 차라도 뒤집혔으면 하는
칠원삼거리
간신히 버스 오른 어르신을
내 앞자리 손들어 반긴다

아이고 우찌 지냈노 근래 이마 점 있는 갸 안 보이더라
죽었지
아이구 갸하고 친한 갸는 우찌 됐노
갸도 죽었다
아이고 아숩네 갸는 어딨노 우리동네 논마지기 꽤 되던 갸

글마 글마도 갔다
글마마 거거 내가 싸돌아다닐 때부터 알아봤다
다 죽었지 안 보이면 죽는다 아이가
 그래도 갸 있다 아이가 이곡댁 따라다니던 안 죽은 갸는 우찌 사노

 그 아,
 갸는 폐지 주우면서 겨우 산다 아이가

티눈

막 핀 매화꽃이 얼었다
남편을 깨운다

일곱 시 반요 일나요
오 분만 오 분만
무릎에 모로 누워
또 오 분

까딱이는 발바닥
무좀 발톱이 가로수로 섰고
짱돌과 땀
메운
턱

종일 섰다 앉았다
볼트 조이고 푸는 일
남편은 힘든 일 없을 거라고
맨날 나만 살림 힘들다고
말로 밥상으로 새줄랑이

부대낀 굳은살

머리에도 가슴에도
내렸을 차가운 눈

숟가락 하나 얹으면 될 일인데

아침 밥상
숟가락 하나 얹으면 될 일인데
가방만 들고 나온다
학원 수업 마치고
한 시 넘어 두 시까지 점심시간
큰길 따라 밥을 읽는다
물국수 6,000
순대국밥 9,000

사흘째 내리는 비
국수도 국밥도
장마 깊은 날은
합성동 사거리 돌아
옷가게 옆집 담벽에
머리 얹은 다래꽃 얘기

맞은편 집은 편의점
김치사발면 구운 계란에 우유
뜨거운 물에 라면이 풀릴 때까지
나는 계란을 먹고

뜨거운 물에 짜장면이 풀릴 때까지
김밥을 먹는 남자
옆에 놓인 복숭아맛 음료 이름
춘식이다

내 친구 춘식이는 대형트럭 기사
작년 하늘길로 운전했는데
복숭아맛 춘식이는 괜찮을까

나는 남은 계란으로 톡톡 껍질을 까고
남자는 짜장면과 김밥을 끝내고 춘식이를 마신다

길옆 물푸레나무는
쌀밥을 수북 짓고 있다

바지락 숨구멍에 숨어든 시

멀리서 온다기에
그냥 다 제치고
강연 주제
시의 단추, 그 여밈에 관하여 말고
그냥 시인 보러 갔다가
어쩌면 술술
어느 구멍에서 시를 잡는지
여쭐 새도 없이 멀찍이 시인은 떠나고

어릴 적 큰언니가 일러 준 바지락 숨구멍
갯바람 발바닥 간지럼 타고
올라오는 농게 집구멍 헤집느라
뻘구덩이 해가 바다로 빠질랑 말랑

뒤풀이 막걸리 한 잔 두 잔 하는데
요즘 시가 너무 가볍다는
고생한 거 뭐 대단해 시로 쓰냐고

시는 두꺼운 소설의 무거운 삶을 담아내야 한다고
슬픈 검지를 까딱이는
훤칠한 남자와 눈이 마주쳤을 때

내 양은막사발 옴팡한 시못에는
소금쟁이 재치기하다 코 빠트려 놓고
계곡 엉덩이 들썩이는 망개잎 곁눈질할 때
돌로 눌러놓은 어둠 셋 네 조각 목축인다

태복산로13번길

도계천 자리잡은 자리공이
막 꽃대를 밀고 있다
태복산로13번길 도계로18번길을 매단
전봇대가 마수하는 길가게
빨간 바구니 담긴 참외가
비를 맞는다
방울 방울
속 노란 꽃이 터진다
삼일 비 오고 해 하루
사일 비 오고 해 한나절
참외밭에선 알이 커져만 가는데
일기예보 못 들을 리 없을 텐데

해는 안 나도 그칠 비에 팔 생각인지
푸른 해가리개 우산 아래
노란 비옷 걸친 목 긴 장화는
일어서지 않는다
수시로 여닫는 지갑은 아침 마수 그대로
잠시 그쳤다 들이치는 비에
점심도 애매하고
앞꼭지 마른 참외를 먹는다

제2부

보리섬

숨구멍 찾던
어머니 호미 소리는
밀려 나갔다 오지 않아

혼자 꼬막 잡다
새미밭 풀 뽑고 마늘 심고
책 한 줄 못 봤다
낮엔 호미 잡아도
밤엔 책 잡아서
죽건 살건 고등학교 갈 거란 약속

고기잡이 간 아버지 기다리는 마루에서
용호마을 중학교 모퉁이에서

자꾸만 바라보는
조개 캐는 울엄마

와도

바위에 쪼그려 앉아
틈 사이 고동 잡다
파도 튕겨도
밀려가면 손 흔들고
밀려오면 손잡아

나는 자갈 베고 눕고
하늘은 바다 베고 눕고
구름은 섬 베고 눕다가

파도 타는 낮별
주워 모으려고 두 손을 담그면

처음은 할머니
내 어릴 때 울엄마 돌아가시고
형과 나 아부지랑
같이 살 집 세 번이나 옮겨가며
개펄 나선 허리 굽은 별
처음은 엄마
날 보는 눈빛 얼굴 희미한데

해가 가도

생각 해도 해도
그리움 손을 씻는 별

몽돌밭 앉아

파란 대문에서 알몸으로 바닷물 들었다 뛰오는
밍밍한 날 보기도 할까

할머니처럼 어머니처럼

누운

섬

용호 바다

두고 흘렸겠지
백 년 이백 년

물색 달라 그리움
꽃 지고 여문
한 알 깨물면
포구나무 한 그루

누가
간이 더 큰지
내기 나무 올라
집 들어가기 싫은 날
등 가만히 대면
한낮
주름 펼친 하늘
잎잎 수천 별 잠을 자
그늘 내고

해 집 들어가면
나무 타던 불개미도 내려가고
포구나무

날 내려보면
섬 헤아리는 척

버드레

포교마을 구두천 부친 묘 찾아간다
나라 잃은 시대 창명학원 다니며 동요 쓰고
순사에게 대들었다가 맞고 사라졌다는

구두천

올해 일흔여섯 포교마을 토박이 이을용 씨
어느 묘비의 자에 구두천 이름을 보았다 해서
첨으로 올랐다

눌산

늘 눈에 보여서 눌산
누우면 코 닿아서 눌산
사람 누운 듯 눌산

이 마을 나고 자란 갑이를 뒤따랐다
무덤 떼를 찾아야 하는데
손길 발길 드문 길
나무하고 소먹이던 발자국 다 산 되어
숨은 이름 찾지 못했다

무덤 열네 자리
묘비 여섯
산중턱 움푹한 구덩이
자식 가까이 누웠을까

구두천은 없었지만
구가 묘가 있었다

오지 않았으면
만나러 가지 않은 채 살 것인데
오늘 왔으니 됐다고
가시 긁힌 손등 달랜다

버드레는 옛사람이 부르던 포교마을
아는 사람만 아는 이름
왜경에게 눈살 맞고
바다 보며 설움 던졌을 그물 어디쯤
햇살 멱을 감고
그가 앉았을 너럭바위 앉아

나는 물보라를 삼킨다

상리 한약방

낮에는 밭일
저녁에는 동생 업고
집안일 하던 엄마가
가슴 아파 밥도 못 먹어

심부름 간다
고무신 벗겨지는 돌길

상리 한약방

약봉지 첩 들고
코스모스 하늘하늘
매달린 홍시도 맛나겠다
집 가서 엄마랑 나물밥 먹을 생각
자꾸만 고무신 벗겨지고
앉지 않고 걸었는데
뒤 어두컴컴해져

여우 나온다는 산 고개
어른들 잡아 먹혔다는
여기 지나 미동 넘어 울집인데

덜덜 무릎
눈 감은 약봉지와 달린다

감꽃

날 보곤
쑥쑥 자라라
감나무는 웃자란다
가지 자르시며
할아버지
찰감 따발감 물감 얘기 해주신다

감도 따라 갔을까
할아버지 가시고
돌담 넘은 나무
열린 감이 없다

감꽃 피고
어디에서 익을까
엄마 모은 입술같이
빨개져 오던 물감

창명학원

대포 바다 언덕 작은 집일까
두모 끝 논밭 사이 집일까
고성군 삼산면 두포리 어디일까

창명강습 창명학회 창명학원
1924년 『어린이』에 오른
김재홍 강응수 구두천 민봉의
강남윤 정부일 김성홍 김계환
배우며 가르치고 시와 글을 짓던 자리

동아일보 1927년 10월 22일 자엔
산에 산이 중첩한 해안 삼산
1925년에 김재홍 씨 외 제씨의 창립 이래
많은 재원을 양성하여 김재홍 씨가 열심 교수한다고 했는데
옛 두포리는 대포 두모 포교
동네 일이면 깨알같이 기억하는 포교 이을용 씨
강응수 구두천 민봉의 일가는 알아도
김재홍은 모른다며
학자 났던 두모 마을로 가보란다

김재홍 동요 소년시는
첫눈에서 폐학까지

나비섬 물드는 하얀 옷자락
개펄 바지락 숨소리

그들도 기억했을 내가 보는 별

철마산성

그 이름은 모르지
중앙고보 조철호 선생의 제자
마산 창신학교 근무 중
만세 항거 주동했다 피신해 변성명하고
1924년 철성의숙에 오게 된 분

체조 시간 꼭 한 번씩 철마산 꼭대기
찬바람이든 불볕이든 뜀질을 시켜서
열 살에서 갓 스물 학생들
숨 턱 닿았던 산
작은 산등성 못 넘어서
찬 겨울 노숙하는 겨레
어찌 살아가냐 소리치셔
이 악물고 올랐던 산

읍내에서 학교 다니는 정수
엄마 보고 싶어 양촌마을 가다
묘지 고개 발목 잡아
앞이 컴컴한 갯길 끌다
아무 집이나 들어가면
뉘 집 손자인고

하룻밤 재우셨던 할머니
호박버무리 무르던 밤
석마가 지키는 철마산성 꿈꾸지

조우억

남산공원
목련쉼터는

고성 출신 재일교포
1905년생이
땅 삼천여 평 목련 배롱나무
기증해 가꾸어졌다고
어느 겨울 푯돌 섰는데

하얗든 보랗든 목련
통영 함안
로스앤젤레스 안달루시아에도 피고 지니

조우억 쉼터는 어떨까
바람은 중얼거린다

만나면 얼굴 뜨거웠을
목련이 쉬는 자리인지
이름 밝히지 말라는 사연 있었는지
한 우물 밥도
자기 땅이라 길 막고

밭두렁 니 땅 내 땅 실랑이하는데
이름 붙일 만하지

철성의숙 김형두

사립 철성의숙 2학년 열네 살
십 리 넘는 거리 누님이 지어준 새벽밥에 나갔다가
대울타리 넘어 새우잠 잤다

지금 고성초등학교는 1925년 고성공립보통학교
우리말 글 지어 『어린이』에 실렸던
그의 동시 동요 정성껏 오려둔 작품
왜경에게 압수되어 세월처럼 묻혔을까

진주농교 기숙생활
문득문득 시를 썼지만
나라 잃을까 고향 잃을까
축구부 만들어 목 찢어지도록 고함 질렀다

백성기와 함께 만든 진농 교우회지 제1권 1호
진주고보 소용수와 동인들이 펴낸
등사판 『형설지광』도

새벽처럼 불탔을까

진주 시내 동맹휴학 결의대회 떨리는 목소리

대한 독립 만세는
첫 퇴학 통지서

쫓기듯 관부연락선 타고 간 바닷길
하수도 복구 공사장

고향이 부산 영도라는
공업학교 졸업반 김 형은 상급학교 진학 못해 떠돌고
상업학교 졸업반 노무자 공 형은 폐결핵으로 떠나고
세 명 찍은 사진 꿈인 듯 본다

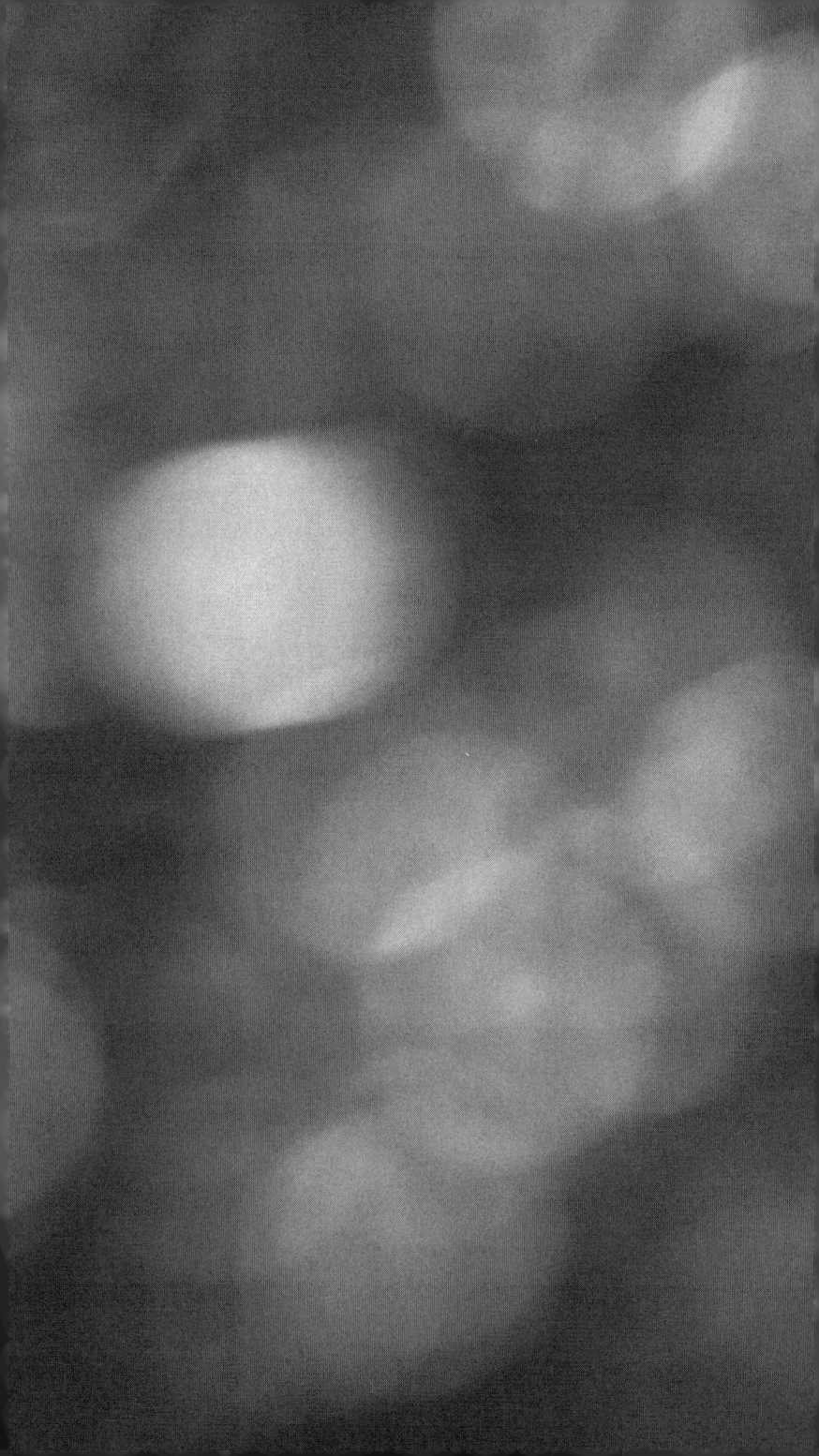

제3부

광려천에서 정화를 만나면

숱 많은 단발머리
왼쪽 가르마예요
밤색 안경테가 자주 미끄러져
오른손 검지가 바빠요
오가는 사람 눈도장 발도장
언니라고 부르면
밥 사주고 싶게
목소리 참 좋아요

집 오지 못하고 날마다 일하는 남편
안쓰러운데 미웠다가도
자식 걱정 휑해져
삐뚤삐뚤 광려천
정화를 만나면
물수제비 떠주실래요
잠시 뜨는 납작돌에도
손뼉 칠 거에요

빵 잘 만들고 그림 잘 그리고
깍두기 잘 담그고 자수도 그림 같이 놓는데
돈 버는 걸 잘 못해요

삐뚤삐뚤 그림자
광려천서 만나면
그냥 앞서 걸어주실래요

자꾸 미끄러지는 안경테 올리는 척
눈물 밀고 있어요

광려천 연가

절에 들어가겠다고 머리 깎은 아내
뭔지 몰라도
내가 미안하다 잘못했다 했지만
당신 잘못 아니다는 말만 남기고

비 내려도 나비는 꽃을 보고

벌새는 꿀을 따고
거미는 줄을 타는데
딸 승무원 합격한 날도
아들 군대 갈 때도 생각나지만
어쩌다 한번은
어깨 넓이 만큼 떨어져서
같이 걸을 수 있을까

산새 좋은 곳마다 염불 풍경소리 탁탁탁
광려천 왔다 갔다
흘린 눈물이 빛을 준비하지 않지만
절망은 아깝다
돌돌 번데기에서도
떨어지는 빗소리 탁탁탁

술 익는 차

마누라와 갈라섰다는 종식이
동네 밥집 앉아
입맛 없을 때 좋다며 술술 순두부찌개
뜨건 한입 얼큰 목 타면
내 아직 살아 있구나 넘어간다는
용쓰지 않아도 술술 풀리는 순두부
먹지 않고 숟가락만 보고 있다
어떨 땐 밥보다 술이 먼저지
옆 편의점에서
술 잘 못하는 친구
눈 밑 꽉 차 있을 씁쓸함
한 병이면 남고도 남겠지만
북면막걸리 두 병

밥 뜨는 일 힘들었을까
그를 서둘러 보낸
막걸리 한 병
한여름 몇 밤을
남겨진 뒷자리에서

품은 만큼 뒤척뒤척

닫은 채 살았던 눈 떴는지
운전석 밑바닥 머리 박고
반이나 무게가 줄어

차 문 열면
막걸리 술도가
외숙이 집 하얗게 깔렸던 고두밥 내
집 가는 주전자 입 대다
얼굴 확 쏟아 썼던 막걸리

원각사

두척산 오르다
언젠가부터 둘레길을 돌았다

우연히 서원곡
지붕 기와 누운 고양이 만나
도랑 두른 어릴 적 고향 집 같아
마당 앞에서 물 마시고 합장했다

뭔가 잃어버린 것 같은 날
절집 마당 기웃거리다
물 마시고 돌아서는 내게
노스님은 물맛 어떠냐며
꿈서 물 솟는 자리 보아 뚫었다고
머리 다쳐 이젠 옛 기억 흐리다며
낮달맞이 하시고

두 해 세 해 서성이다가
법당 안
사진으로 노스님 뵈었다
바람 따라 서천으로 가셨다는데
산문 다리 밑
돌아선 계곡이 흠칫거렸다

설법전 제비집 1

청춘은
솔길 더 멀어 보였다
십 년이 흘렀을까
이십 년이 흘렀을까
울산대 다니며
답 없어도 그냥

통도사 오르내렸다
군데군데 암자는 가볼 생각 못했고
냇물 발 담가 혼자 김밥 먹곤 했다

그때는 없었던
부도탑 향단에서 향 올린다
삼십 년이 흘렀을까
사십 년이 흘렀을까
제비 나는 모습 보는 하늘
고향집 마루서 아침 먹다 보면
희멀건 똥 축담으로 떨어지곤 했는데

설법전 단청 처마에 집 지어
나직 숙이고 앉아
설법 듣는 제비 세 마리

설법전 제비집 2

어디 마음 두고 싶은 하늘 많았나
소금단지 이웃 삼아
제불제불 법문 외는가

설법전 앞마당
어린 제비 한 마리

오락가락 빗물에 미끄러졌을까
안아 올리지 못한 것

집 와서도 생각난다

혹시 발길 채이지 않았는지
지붕 지붕 이은 전깃줄 보며
백중기도 마치고
구름 찹찹한 가을
설법 전하러 날아가겠지

두고 가는 제비집엔
함박 설밥이 차곡차곡 쌓이겠지

그렇다

이렇지
저렇지 않는 것이

짝다리로
버티고 선 말

듣는 이쪽에 가까운
그러하다 너머 그렇다 넘어
내 것과 네 것을 포개는

더 바랄 것
없어도

맞장구치며
앞선 것과
뒤설 것을 재는
불편하지 않는
위로

사잇소리

남들은 괜찮다 하지

한 말과 한 말 사이
사이시옷이 거슬렸다

그녀는 해빛, 나무잎, 깨잎, 피줄과 관계했다

알 수 없지
낱말과 낱말 사이

센소리 ㅍ도 께름했다 그녀는

수평아리, 문팎, 이팝, 조팝, 공조팝나무 아래서
수병아리, 문밖, 이밥, 조밥, 공조밥나무와 통했다

켜켜이 얹은 떡고물 같이
밀어내거나
밀리는

숨이 차는
말과 말 사이

성산산성

무진정 불꽃놀이
한번은 볼 거라고 기다린 초파일이
밤 근무
시간 있으면 돈 없고
돈 있으면 시간 없는
멍든 오후
어두워지면 떨어질 별똥별
연못 그려보다
조남산 성산산성 오른다
뛰어도 숨차고 걸어도 숨찬
지친 그림자
어깨 베고
머리 이고
남문으로 올라
서문으로 올라
말이산 굽어보며 쌓았을
옛사람 땀돌

더러 무너졌어도
담벼락 구멍마다 눈 대고 지킨다

말산리 갑계비

말산리 무덤떼 고분군 45호 가까이
길손 다 잡아줄 듯 느티나무 아래
가야읍 보고 선 갑계비 있다
귀부 솟은 비신 편편 쓰여진

 그대 을묘생 벗님네야
 장부의 기백 어디메뇨
 그날의 사연인들
 붕우유신 고인 가슴
 삼천장 백발이
 황혼길 바라보네

 온갖
 오욕과 괄시인들
 찢기운 육신인데
 허망한 역사일랑
 고스란이 무더 두마
 마음도 두고 갈세

 아라고토 잔디 피고
 우리들 기목 남게
 까치야 집 지어라
 천겁을 두고 두고
 봄은 와서 가리니

 근역에 통일 못 본 한이야

조각돌 비망석에
너와 나의 이름들
새겨지는 손길목이
떨고만 있네

서기 1975년 정월 이십일 조태봉이
나라잃은시대 태어나 겨레 말글과 들판
한껏 누리지 못한 청춘 환갑에 새겼다

아무래도 그냥 갈 수는 없는 일

세월 따라 훌훌 지워질
진병수 본적 여양 장남 현갑 주소 중동
이규익 본적 경주 장남 종환 주소 기수
조태봉 본적 함안 장남 형래 주소 말산
백 명도 넘는 주소가 보낸
편지

잊지 않으려고 새겨
두고 두고 보리니
파란 닭의 해마다
무궁화 필 말산리 돌며 붉은 봄 안겠네

제4부

어머니는 엉덩이로 봄을 밀고 계셨다

비 오는 건널목
차에 부딪힌 어머니는
갈비뼈 허리뼈 팔다리뼈가 부러졌다

줌치 든 전화번호 울어
급하게 달려갔더니 딸도 알아보지 못하고
큰아들 얼굴에만 고개 끄덕인다
다니러 왔다가

내려가지 못하는 촌집

퇴원해도 혼자 있지도 서지도 못해
아파트 창가 화분처럼 앉아
남새밭 풀을 뽑는다

뭐 하고 싶소 어디 가고 싶소
쑥 캐러 가자 쑥 캐러 가자

둘레길 가까운 밭 앉혀드리자
웃으신다
난 앵두나무 처녀를 불렀다

평생 쪼그린
봄이 와서
밥술도 뜨지 않는 손이
쑥을 더듬는다

어머니는 엉덩이로 봄을 밀고 계셨다

씨발 내가 그걸 몬해

아버지 묻고 하루 지나
밭에 나가 풀 뽑다
거름 푸대 덮어 놓은 시커먼 비닐
열었다 덮었다 쏘아보다

매운 솔가지 타는
밥하는 아궁이 벌건 불
보는 눈도 벌게져
정지를 돌고 돌다
버티고 선 움마

씨발, 내가 그걸 몬해?

니은도 모르는 움마가
공부하는 아들 보러 마산 오실 때도
벌건 버스 포르스름한 버스 왔다 갔다
시외버스터미널 헤매며
혼잣말하셨을까

산다는 건

앞 가도 멀어지고
옆 뒤 돌아도 깨지면
자꾸 떠오르는

한 마디

버거운 짐 아래서
엎어진 마당에서
한 번이 어렵지 두 번은 쉬웠을까

이 없으면 잇몸으로 산다는 말은
거짓말 아니다
오래 잇몸으로 살아
틀니가 께끄름하다
자주 빼놓으시는데

녹슨 꿈 퍼렇게 부서져
흙 속에서 봉분처럼 오르면
한 줌 호박씨 내리치실
어머니

누에고치 속 오래다 보면
날개 있는지 없는지 겁나지만
입술 앙다문다

소계저수지

갈래갈래 사랑
소나무 아래 흩어졌지만
봄 흰 꼬리 올려
숨은 자락
괭이로 호미로 토닥이고
약수터 오르는 석불사 염불 소리
골골 감자 반쪽 눈 뜨면
탱자나무 둥지 고양이 잠들고
텃밭 풋마늘 키 재다
꽃잎 돌돌 말은

어머니

우짜든지 잘 되고
우짜든지 잘 되게
자식 빌어줄 때 사략사략
물머리 빗는다

파도는 눈시울 밀었다 놓는다

글만 배웠으면
너거 아부지한테 시집 안 왔다 하시던
어머니는 아흔 살 되어
학교 다니신다
그냥 주간보호센터지만
나는 어머니 좋으시라고 학교 학교 한다

오늘은 뭐 했습니꺼 물으면
평생 한 서린 까막눈
글은 안 가르치고
뺑뺑이만 돌린다며
어느 아침엔
오늘은 안 가면 안 되나 눈 힐끔이신다

치매 등급 받기 위해 공단에서 나와 물을 땐
이호순이요
구십이요 고성 삼산면 사요
우릴 놀라게 하시더니

손 맞잡아 이끌면 똑바르던 걸음도
오른쪽으로 기울고
물어도 말씀이 없다가

말이 생각나지 않는다며 멋쩍어 웃으신다

춤도 노래도 사람도 좋다 하셨던
아버지를 못마땅해하던 실눈
어쩌다 동네 관광버스 대절 여행도 싫다시며
노는 일에 몸서리치셨는데
이젠 아들딸 보면
나가자 놀러 가자 먼저 말 꺼내신다

잘 가던 길도 두 걸음 걷다 멈추고
삶의 징검다리 건너듯 뜨문뜨문 눈동자
여름이면 다 모여 구복 바닷가 그늘 자리서
하루 놀고 오는 일도
올해가 마지막일까

진영읍 참새미골

증권회사 다니는 내가
애 좀 봐 달라고 할 땐
힘 없다 못한다 해도
진영읍 참새미골
손주와 둘이서
생고구마 깎아 먹던 겨울밤은 잘 컸고
어머닌 아팠다

내가 태어난
시집가서 낳은 아이가 자란
오랜 흙집
비걷이 많고 축축해
제발 새집으로 이사하자 졸라도
얼마나 산다고 하시며 싫다신다

쇠약해져 입원한
어머니 몰래
아파트 사서 이삿짐 풀었더니

비가 내렸다
뭐 그리 보고 있습니꺼

비 보고 있다 아이가
창가는 나지막 듣는다
비 하나 안 들어오고
이리 좋은 데가 있나
참 좋다 참 좋다

줄이 길어 좋은 장도 싫다 하시더니
딱 한 달 사셨다

안부

마음만 가득해서
『고성문학』 20여 권 어렵게 빌려놓고
언젠가 적힌 인생 꼼꼼히 들여다보겠다던
시간은 늘 뒷전이었다
되돌려주려고 읽어서 눈만 바빴지만

『고성문학』 제6호
회원 시조 읽다가
삼산국민학교 급사였던 고모집 오빠를 만났다

　마흔 여섯 나이 순향의 배는 그날
　뚝! 하고 돛이 부러졌다. 하늘이 새파래졌다
　파도는 그대로 출렁이고 청초록 물빛 꺼졌다

　참상이란다 제비같은 세 자녀 내 아낙
　꿈길인가 생시인가 하늘과 땅이 터진데도
　가름길 넘어선 미소 아랑곳없는 길을 간다

　진솔한 솔가지 휘어 솜을 피워 살았었는데
　그래서 죽었다 한다 내 원통도 빼앗겼다
　이제는 안개비로 돌아간다 이 마지막 길을

　하늘이고 산그림자 입술마다 얼렁인다
　쓸어모아 베푼 정이 그대 삶의 곡조였던가
　부른다 함께 지낸 벗들 가슴 안에 침전되어

편안히 먼저 쉰다고 자랑하고 있다
볼록한 무덤의 단장 보기 좋았던 갑다
한 줌 흙 다시 섞는 날 별빛 되는 꿈을 꾼다

학교에서 만나면 커진 눈으로 날 보시고
아버지 뵈러 우리 집 마당 밟던 오빠가
간 소식은 들었지만
난 갓 들어간 대학

돌아가신 아버지 생각에
옆을 보지 못했다
오빠 가실 때 못한 인사도
흰머리 뽑으면 동전 주시던
고모님께 못한 인사도
시에서 올리고

시인 김춘기 고성 삼산국민학교 교장
시에서 뵙고 안부를 여쭙습니다

• 김춘기, 「박두만씨의 죽음」(『고성문학』 제6호), 141쪽의 시 전문을 옮겼다. 각주 부분을 덧붙여 그대로 옮기면 다음과 같다. 박두만은 경남 고성군 삼산국민학교에서 기능직으로서 20여 년간을 근무하다가 1992년 2월 10일 심장마비로 돌아갔으며 성실하기 그지없고 마음이 천심같이 어진 분으로 학교를 내 몸같이 사랑한 분이었다.

삼산교회

찬송가는 종일 불러도 좋고
성경 몇 장 몇 절 찾는 것도 좋았던

반딧불은
마산으로 진학하면서 흩어졌다
혼자 하루하루 뒤적인다고
누가 죽었는지
누가 결혼하는지도 몰랐다

눈만 땡글하고 야윈 중학생
날 보살펴주던 보건소 선생님이
결혼한다는 소식도 들리지 않았다

고향 오르내리며
부끄럽고 미안했다
바람만큼 잘 되지 못해서
은혜만큼 잘 되지 못해서

선생님 딸 결혼식으로
삼산교회
35년 만에 올려다보았다

일찍 아버지 여의고
혼자 하루하루 뒤적이며
감당하셨을 세월
신랑 신부 행진 뒤로 사라지는 걸 보았다

고성읍 간이대합실

읍 나온 용정 할메
벌초하러 올 아들 먹이려
문어 한 마리 안고 버스 오를 때
시장 보따리 밀어주고
일흔일곱 구만 할메
참깨 석 되 기름 짜
업힌 손자 보듯 토닥이며
14시 30분이 몇 시요 물으면

바퀴 닳은 휠체어 앉아
낮 2시 30분이요
구만 차 한참 남았으니
여기 앉아 기다리소

버스 들어올 때마다
상리 차 도착이요
마암 차 도착 3분 전이요
오가는 사정 다 아는 듯
돈 받고 하는 제 일인 듯
최씨
사람 사이 간이정류소

할메 빨래방

일이 잘 안 될 때마다 퉁퉁대던 할아버지 피해
옷가지 주섬주섬 대야
개울가 빨래터 내려놓고
얼굴 먼저 씻던 할머니
귀 얹힌 욕지거리도
목 어딘가 눌어붙은 감자밥도
돌판 옷가지 치대면 어느새 뻥 뚫리고
찰싹 방망이질 물오르면
화락화락 가슴이 석빙고 들듯 시원해지셨다는데
개발이다 개선이다 바뀌고 바뀌어서
물 많던 빨래터 없어지자
기분 좋게 비 내린 날
몰래 가서 빨래하시다
씻고 말린 몇십 년
빨래방 차렸다

손님들 문 열면
그리운 개울가 방망이질은 입방아로 풀고
눅눅한 살림살이
맨날 맨날
쨍한 날

신마산 번개시장 장어국 사러 가는 피터팬

내가 아는 피터팬은
진주기공 1학년 때 아버지 돌아가셨다
첫아들 외로울까
없는 살림에 낳은 아들
6남매 막내
내 등 업혔던 빡빡머리
기숙 생활하며 잘 안 씻어 별명이 고문
커서도 남말 듣지 않는다
이래저래 빠진 이
얼른 해 넣으라는 말
담배 피우다 껌뻑 졸면 안 된다는 말

제대하고 시작한 집 짓는 일
나도 한 채 맡길까 했는데
비싼 재료 쓰고 마무리 깔끔해
집주인들 좋다지만 수지 안 맞아
내 자취방 한 달
큰누나 식당 한 달
친구 집 더듬더니
혼자 차린 간판가게 골목 사장 되었다
싸게 달아 덤으로 썬팅해주고

어떨 땐 돈 못 받고
어떨 땐 돈 안 받는

급히 씹어 목 막힐까
혼자 사다리 잡고 간판 달다 떨어질까
동생 내 동생
늙은 엄마 손잡고
신마산 번개시장 장어국 사러 간다

엘리베이터

밤새 누가 쫓는지
자는 얼굴이 놀랬다가 몸 털썩
감기로 누운 남편이
파래 모자반 국 한술 뜨며
시원하다는 말이 내 아침밥
옷은 세탁기 대강 넣고
잔반 그릇은 툭툭 털어 물로 헹구고
방바닥은 보이는 것만 쓸어 담고
어제 입었던 옷 그대로 챙겨 입고
엘리베이터 기다린다
주차한 차가 어디 있는지
오늘 회사 가면 바로 할 일
퇴근하면 딸 운동화도 사고
저녁 먹은 후엔 운동해야지
벌써 하루 다 보내는
여기
근데 오질 않는다
어디까지 왔나
9층에 있다
누르지 않아 열리지 않았다

통영 부둣가

일본은 봄이에요 조선도 봄이죠
행복하게 있어 달라고
잊을 수 없다고
서쪽 산자락은 타오르고 있어요
목숨 건 사랑을 해도
추억이 슬픈 북해도
당신과 헤어지고 10년
세상 물정 모르는 철부지
내가 없어 외로우면
술을 마시세요
사랑하는 사람 있으면
사랑도 하세요
북해도 눈도 내 키만큼 쌓였어요
또각또각 구두 소리
조금씩이라도 마중 나와 줘요
수국꽃 피고 금붕어 있는 연못 통영집
혼자 돌아가는 건 겁나요
바람 얼굴 씻은
머위 잎사귀
이불 귀퉁이 꽉 물고
연필로 급하게 쓴 편지

우물가 발 씻으러 나갔을까
밤하늘 유리구슬 되었을까
일본이고 조선이고 그딴 거 상관없어요
눈먼 애인을 가진 적 있나요?
통영 부둣가
그렁그렁 맺혔어요

• 위 시는 김봉희 번역, 『극작가 박재성의 아내, 요시코의 편지』(경진출판, 2021)의 요시코의 글말을 엮어 모두 지었다.

광려천 물풀이 엎드려 울었다